Du 1.er Juin 1742.

ORDONNANCE DU ROY,

Portant réglement pour le payement des Troupes de Sa Majesté pendant la campagne prochaine.

Du premier Juin 1742.

DE PAR LE ROY.

SA MAJESTÉ voulant régler le traitement qui sera fait à ses Troupes pendant la campagne prochaine, soit dans ses armées ou dans les garnisons, a ordonné & ordonne que, conformément aux états qu'Elle fera expédier, il sera fourni du fourrage, lorsqu'il n'y aura pas occasion de fourrager sur le pays, & du pain de munition, aux Officiers, Brigadiers, Sous-brigadiers, Gardes-du-corps, Gendarmes, Chevaux-légers, Mousquetaires, Grenadiers à cheval, Carabiniers, Cavaliers, Hussards & Dragons; & du pain de munition seulement, aux Sergens & Soldats de ses troupes, tant françoises qu'étrangéres, qui serviront dans les armées de

FOURRAGES & PAIN de munition.

Sa Majesté, à commencer du jour qu'elles se mettront en campagne, jusqu'au dernier du mois d'octobre prochain, sur le pied des revûes: Sa Majesté voulant qu'il en soit fait réguliérement trois pendant la campagne, aux troupes des armées, par les Commissaires des guerres, avec les Directeurs ou Inspecteurs généraux, où il s'en trouvera; la premiére dans le présent mois de juin, la seconde dans le mois d'août, & la troisiéme dans celuy d'octobre.

ARTICLE PREMIER.

Gardes Françoises & Suisses.

LES compagnies des régimens des Gardes françoises & suisses, seront payées de leur solde ordinaire, sur laquelle il sera retenu deux sols pour chaque ration de pain de munition qui leur sera fournie; & les Officiers de l'Etat-major de chacun desdits régimens, recevront leurs appointemens suivant les états qui seront expédiez.

II.

INFANTERIE FRANÇOISE.

Compagnies de Grenadiers.

LES troupes de ladite Infanterie françoise, outre le pain de munition qui sera fourni aux Officiers & Soldats, seront payées pendant qu'elles seront en campagne, sçavoir, chaque compagnie de Grenadiers, composée de quarante-cinq hommes, sur le pied par jour de dix sols au Capitaine, huit sols au Lieutenant, six sols au Sous-lieutenant, six sols à chacun des deux Sergens, trois sols neuf deniers à chacun des trois Caporaux, trois sols six deniers à chacun des trois Anspessades, trois sols à chacun des trente-six Grenadiers & un Tambour, & deux sols pour chacune des trois payes de gratification que le Capitaine touchera

Du 1er Juin 1742.

touchera par jour lorſque ſa compagnie ſe trouvera de quarante-quatre ou quarante-cinq hommes; deux deſdites payes la compagnie étant à quarante-un, quarante-deux ou quarante-trois; une ſeulement à quarante, & rien au-deſſous dudit nombre de quarante hommes.

Compagnies de Fuſiliers.

Les ſeize compagnies de Fuſiliers de quarante hommes, qui ſont en chaque bataillon ſervant en campagne, ſeront payées ſur le pied par jour de huit ſols au Capitaine, ſix ſols au Lieutenant, cinq ſols à chacun des deux Sergens, trois ſols trois deniers à chacun des trois Caporaux, trois ſols à chacun des trois Anſpeſſades, & deux ſols ſix deniers à chacun des trente-un Fuſiliers & un Tambour : le Capitaine aura de plus cinq payes de gratification de cinq ſols chacune par jour, ſa compagnie étant au complet de quarante hommes; trois deſdites payes à trente-cinq, trente-ſix, trente-ſept, trente-huit & trente-neuf; & deux ſeulement lorſqu'elle ne ſera qu'à trente, trente-un, trente-deux, trente-trois & trente-quatre, ſans qu'il en puiſſe prétendre aucune ſa compagnie étant au-deſſous du nombre de trente hommes.

Soldats ſurnuméraires du régiment du Roy.

Les cinq hommes ſurnuméraires que Sa Majeſté veut bien entretenir au de-là du complet en chacune des ſoixante-huit compagnies de ſon régiment d'Infanterie, ſans tirer à conſéquence pour les autres régimens, ſeront payez ſur le pied par jour de trois ſols à chaque Grenadier, & de deux ſols ſix deniers à chaque Fuſilier qui ſera préſent aux revûes des Commiſſaires ordinaires des guerres, juſqu'audit nombre de cinq par compagnie, ſans que cela produiſe aucune augmentation dans les hautes payes ni dans les payes de gratification deſdites compagnies.

Linge & Chauſſure.

L'intention de Sa Majeſté eſt qu'au moyen de la ſolde

réglée par la présente ordonnance, aux Sergens, Caporaux, Anspessades, Grenadiers, Soldats & Tambours, ils soient obligez de s'entretenir de linge & de chaussure.

Enseignes & Lieutenans en second, conservez avec appointemens.

L'Enseigne qui est en chacune des compagnies Colonelle & Lieutenante-colonelle, le Lieutenant en second conservé dans la troisiéme compagnie de Fusiliers des bataillons Colonels de chaque régiment, & les trois Lieutenans en second aussi conservez dans les trois premiéres compagnies de Fusiliers, des second, troisiéme & quatriéme bataillons desdits régimens, seront payez sur le pied par jour, sçavoir, chaque Enseigne, de cinq sols, & chaque Lieutenant en second, de quatre sols.

Etat-major des régimens d'Infanterie françoise.

Les Officiers de l'Etat-major de chaque régiment avec Prévôté ou sans Prévôté, seront payez sur le pied par jour, de huit sols au Colonel, six sols au Lieutenant-colonel, outre leurs appointemens de Capitaine, huit sols au Major, six sols à l'Ayde-major, quatre sols au Marêchal-des-logis, & deux sols six deniers à chacun des Aumônier & Chirurgien.

Prévôté.

Les Officiers de la Prévôté des régimens où il y a Prévôté, servant dans les armées, seront payez sur le pied par jour de cinq sols au Prévôt, deux sols six deniers à son Lieutenant, deux sols au Greffier, & un sol à chacun des cinq Archers & à l'Exécuteur de justice.

Commandans & Ayde-majors de Bataillons.

Les Commandans des second, troisiéme & quatriéme bataillons des régimens où il y en a ce nombre, seront payez sur le pied de six sols chacun par jour, outre leurs appointemens de Capitaine; & pareils six sols aussi par jour à l'Ayde-major qui est en chacun desdits bataillons, même le cinquiéme qui est dans le premier bataillon du régiment du Roy.

16 Juin 1749.

Du 1.er Juin 1742.

Les Officiers réformez qui servent à la suite des régimens d'Infanterie françoise, seront payez, lorsque les régimens seront en campagne, sur le pied par jour de neuf sols à chaque Colonel, huit sols à chaque Lieutenant-colonel, cinq sols à chaque Capitaine, & trois sols à chaque Lieutenant. *Officiers réformez.*

I I I.

LES huit compagnies de Sapeurs, Canonniers ou Bombardiers, de chacun des cinq bataillons du régiment Royal-Artillerie qui servent dans les armées, seront payées sur le pied par jour, de vingt sols au Capitaine de chaque compagnie composée de soixante-dix hommes, seize sols au Capitaine en second, quatorze sols au premier Lieutenant, douze sols au second Lieutenant, dix sols à chacun des deux Sous-lieutenans, sept sols un denier à chacun des quatre Sergens, six sols à chacun des quatre Caporaux, cinq sols six deniers à chacun des quatre Anspessades, dix sols à chacun des deux Cadets, quatre sols six deniers à chacun des dix-huit Sapeurs, Canonniers, Bombardiers & deux Tambours, trois sols six deniers à chacun des neuf Apprentifs, deux sols six deniers à chacun des vingt-sept autres Apprentifs; & cinq sols pour chacune des sept payes de gratification que Sa Majesté accorde au Capitaine, sa compagnie étant de soixante-sept hommes, & au-dessus jusqu'à soixante-dix; six à soixante-cinq & soixante-six, cinq à soixante-trois & soixante-quatre, quatre à soixante-un & soixante-deux, trois à soixante, deux à cinquante-huit & cinquante-neuf, une à cinquante-six & cinquante-sept: le Capitaine n'en devant point avoir, sa compagnie étant au-dessous du nombre de cinquante-six hommes. *ROYAL-ARTILLERIE.* *Compagnies.*

L'Etat-major de chacun desdits bataillons, sera payé *Etat-major des bataillons du régiment Royal-Artillerie.* ſur le pied par jour de vingt ſols au Lieutenant-colonel Commandant, outre ſes appointemens de Capitaine; pareils vingt ſols au Major, dix-huit ſols à l'Ayde-major, & quatre ſols à chacun des Aumônier & Chirurgien.

Mineurs. Chacune des cinq compagnies de Mineurs qui ſervent en campagne, ſéparément ou avec leſdits bataillons, compoſée de cinquante hommes, ſera payée à raiſon de cinq livres treize ſols par jour au Capitaine, deux livres deux ſols au premier Lieutenant, trente-quatre ſols au ſecond Lieutenant, vingt-quatre ſols à chacun des deux Sous-lieutenans, ſeize ſols ſix deniers à chacun des trois Sergens, douze ſols ſix deniers à chacun des trois Caporaux, neuf ſols ſix deniers à chacun des trois Anſpeſſades, dix ſols à chacun des deux Cadets, huit ſols ſix deniers à chacun des ſeize Mineurs, cinq ſols à chacun des vingt-deux Apprentifs, ſept ſols ſix deniers au Tambour; & ſept ſols pour chacune des cinq payes de gratification que le Roy accorde au Capitaine, ſa compagnie étant de quarante-ſept & au-deſſus juſqu'au complet de cinquante hommes, quatre à quarante-cinq & quarante-ſix, trois à quarante-trois & quarante-quatre, deux à quarante-un & quarante-deux, une ſeulement à quarante, & rien au-deſſous dudit nombre de quarante hommes.

Ouvriers. Chacune des cinq compagnies d'Ouvriers ſervant en campagne, ſéparément ou avec leſdits bataillons, compoſée de quarante hommes, ſera payée ſur le pied de cinq livres huit ſols par jour au Capitaine, trente-deux ſols au premier Lieutenant, vingt-ſept ſols au ſecond Lieutenant, ſeize ſols à chacun des trois Maîtres-ouvriers, pareils ſeize ſols à chacun des trois Sous-maîtres-ouvriers, treize ſols à chacun des ſeize Ouvriers, dix ſols à chacun des neuf autres

Ouvriers, huit ſols à chacun des huit Apprentifs & au Tambour; & dix ſols pour chacune des quatre payes de gratification accordées au Capitaine, ſa compagnie étant de trente-huit hommes & au-deſſus juſqu'au complet de quarante, trois deſdites payes à trente-ſix & trente-ſept, deux à trente-quatre & trente-cinq, une à trente-trois, & rien au-deſſous dudit nombre de trente-trois hommes.

Appointemens conſervez.

Les appointemens conſervez au ſieur de Lorme & aux Cadets ou Mineurs entretenus dans les cinq bataillons dudit régiment, continueront à leur être payez en paſſant préſens aux revûes des Commiſſaires des guerres, ſur le pied porté par l'Ordonnance de ſolde du premier May 1742.

COMPAGNIES FRANCHES d'Infanterie.

Partiſans.

Compagnies de Bock, la Haye, Galhau, Duchemin, Pauly, la Harte, la Croix, Jacob & Dulimont.

Les compagnies de Bock, la Haye, Galhau, Duchemin, Pauly, la Harte, la Croix, Jacob & Dulimont, employées dans les armées, compoſées de cent cinquante hommes chacune, ſeront payées, outre le pain de munition qui ſera fourni aux Officiers & Soldats, ſur le pied par jour de trois livres quinze ſols au Capitaine en pied, quinze ſols au Capitaine réformé, treize ſols dix deniers à chacun des Lieutenans en premier & en ſecond, huit ſols quatre deniers à chacun des cinq Lieutenans réformez, cinq ſols ſix deniers à chacun des ſix Sergens, quatre ſols neuf deniers à chacun des neuf Caporaux, trois ſols neuf deniers à chacun des neuf Anſpeſſades, & deux ſols neuf deniers à chacun des cent vingt-trois Fuſiliers & trois Tambours: Le Capitaine recevra en outre huit payes de gratification de deux ſols neuf deniers chacune, lorſque ſa compagnie ſe trouvera à cent quarante-quatre hommes & au-deſſus, juſqu'au complet de cent cinquante; ſix à cent quarante, cent quarante-un, cent quarante-deux & cent quarante-trois; quatre à cent trente-ſept, cent trente-huit & cent trente-neuf; deux à cent trente-cinq & cent trente-ſix, & rien au-deſſous du nombre de cent trente-cinq hommes.

Compagnie de Vandal.

La compagnie de Vandal employée dans les armées, compoſée de cent Fuſiliers, outre le pain de munition qui ſera fourni aux Officiers & Soldats, ſera payée ſur le pied par jour de cinquante ſols au Capitaine en pied, quinze ſols au Capitaine réformé, treize ſols dix deniers à chacun des Lieutenans en premier & en ſecond, huit ſols quatre deniers à chacun des quatre Lieutenans réformez, cinq ſols ſix deniers à chacun des quatre Sergens, quatre ſols neuf deniers à chacun des ſix Caporaux, trois ſols neuf deniers à chacun des ſix Anſpeſſades, & deux ſols neuf deniers à chacun des quatre-vingt-deux Fuſiliers & deux Tambours: Le Capitaine recevra en outre ſix payes de gratification de deux ſols neuf deniers chacune, ſa compagnie étant compoſée de quatre-vingt-quinze hommes & au-deſſus, juſqu'au complet de cent hommes; quatre deſdites payes à quatre-vingt-dix juſqu'à quatre-vingt-quatorze, deux ſeulement à quatre-vingt juſqu'à quatre-vingt-neuf, & rien au-deſſous du nombre de quatre-vingt hommes.

Compagnie de Bruck.

La compagnie de Bruck employée dans les armées, compoſée de cinquante Fuſiliers-guides, outre le pain de munition qui ſera fourni aux Officiers & Soldats, ſera payée ſur le pied par jour de quarante ſols au Capitaine, treize ſols dix deniers au Lieutenant en pied, huit ſols quatre deniers au Lieutenant réformé, ſix ſols ſix deniers à chacun des deux Sergens, cinq ſols trois deniers à chacun des trois Caporaux, quatre ſols trois deniers à chacun des trois Anſpeſſades, & trois ſols trois deniers à chacun des quarante-un Fuſiliers-guides & un Tambour: Le Capitaine recevra en outre trois payes de gratification de trois ſols trois deniers chacune, sa compagnie étant composée de quarante-neuf & cinquante hommes, deux lorsqu'elle sera de quarante-six, quarante-sept & quarante-huit, une seulement à quarante-cinq, & rien au-dessous dudit nombre de quarante-cinq hommes.

Officiers réformez attachez à la suite des compagnies franches d'Infanterie.

A l'égard des Officiers réformez entretenus à la suite desdites compagnies franches, ils seront payez, sçavoir, chaque Capitaine sur le pied par jour de quinze sols, & chaque Lieutenant sur celuy de huit sols quatre deniers, en passant présens aux revûes des Commissaires ordinaires des guerres.

MILICES.

Si Sa Majesté jugeoit à propos de faire servir en campagne quelques bataillons de Milice, ils continueront à recevoir la solde qui leur a été réglée par l'Ordonnance du premier may 1742. sur laquelle il sera retenu deux sols pour chaque ration de pain fournie aux Sergens & Soldats; les Officiers n'en devant point avoir, si ce n'est en le payant au prix du Roy.

I V.

INFANTERIE E'TRANGERE.

SUISSES & GRISONS.

SI Sa Majesté jugeoit à propos de faire servir dans ses armées quelqu'un des régimens Suisses & Grisons qui sont à son service, les Compagnies & l'Etat-major desdits régimens seroient payez de leur solde en conséquence de l'Ordonnance particuliére qui seroit expédiée à cet effet.

ALLEMANDS.

Les compagnies & l'Etat-major des régimens d'Infanterie Allemande, seront payez de leur solde en campagne, sur le pied de celle qui leur est réglée par l'Ordonnance du premier may 1742. sur laquelle il sera déduit à chaque compagnie deux sols par ration de pain qui leur sera fournie pendant la campagne seulement, sans que les Officiers soient obligez d'en prendre.

Officiers d'augmentation dans les compagnies.

Le Capitaine réformé & le second Lieutenant d'augmentation, établis par l'Ordonnance particuliére du 30. may 1742. en chacune des compagnies des régimens Allemands d'Alsace, Saxe, la Marck, Appelgrehn & Royal-Baviére, seront payez à commencer du premier juin 1742. en passant présens aux revûes des Commissaires ordinaires des guerres, sur le pied de quatre-vingt-dix livres par mois au Capitaine réformé, & de cinquante-une livres aussi par mois au second Lieutenant.

Colonels & Lieutenans-colonels réformez.

Les Colonels & Lieutenans-colonels réformez entretenus à la suite desdits régimens, seront payez sur le pied chacun de cent trente-six livres dix-sept sols six deniers par mois, à l'exception de ceux auxquels il a été expédié des ordres par lesquels il leur est réglé un traitement particulier, dont ils continueront de jouir.

Capitaines & Lieutenans réformez.

A l'égard des Capitaines & Lieutenans réformez entretenus à la suite desdits régimens, ils continueront d'être payez en conformité de l'ordonnance du premier may 1737. & de l'état y joint.

Régiment Royal-Italien.

Compagnie de Grenadiers.

Le régiment Royal-Italien, composé de douze compagnies de cinquante hommes chacune, sera payé, lorsqu'il servira en campagne, sçavoir, la compagnie de Grenadiers, sur le pied de trois livres par jour au Capitaine, trente-deux sols au Lieutenant, vingt sols au Sous-lieutenant, huit sols six deniers à chacun des trois Sergens, six sols à chacun des trois Caporaux, cinq sols à chacun des cinq Anspessades & un Tambour, & quatre sols à chacun des trente-huit Grenadiers: Le Capitaine aura en outre sept payes de gratification de quatre sols chacune, lorsque sa compagnie sera

ſera au complet de cinquante hommes, cinq lorſqu'elle ſe trouvera à quarante-cinq, quarante-ſix, quarante-ſept, quarante-huit & quarante-neuf, & trois deſdites payes à quarante-deux, quarante-trois & quarante-quatre hommes; n'en pouvant prétendre aucune, ſa compagnie étant au-deſſous du nombre de quarante-deux hommes.

Compagnies de Fuſiliers.

Chacune des onze compagnies de Fuſiliers dudit régiment, ſera payée ſur le pied par jour de cinquante ſols au Capitaine, vingt ſols au Lieutenant, quinze ſols à l'Enſeigne, huit ſols à chacun des trois Sergens, cinq ſols dix deniers à chacun des trois Caporaux, quatre ſols ſix deniers à chacun des cinq Anſpeſſades & un Tambour, trois ſols neuf deniers à chacun des dix Appointés, & trois ſols ſix deniers à chacun des vingt-huit Fuſiliers: Le Capitaine aura en outre ſept payes de gratification de trois ſols ſix deniers chacune, ſa compagnie étant à quarante-huit, quarante-neuf & cinquante hommes, cinq lorſqu'elle ſera à quarante-cinq, quarante-ſix & quarante-ſept, trois deſdites payes lorſqu'elle ſe trouvera à quarante-deux, quarante-trois & quarante-quatre hommes; n'en pouvant prétendre aucune, ſa compagnie étant au-deſſous du nombre de quarante-deux hommes.

Etat-major & Prévôté du régiment Royal-Italien.

L'Etat-major dudit régiment, ſera payé en campagne ſur le pied par jour de huit livres ſix ſols huit deniers au Colonel, quarante ſols au Lieutenant-colonel, outre leurs appointemens de Capitaine; cinq livres au Major, pareilles cinq livres à l'Interprete, trente ſols à l'Ayde-major, quinze ſols au Maréchal-des-logis, vingt ſols à l'Aumônier, ſept ſols ſix deniers au Chirurgien, vingt ſols au Prévôt, dix ſols à ſon Lieutenant, ſix ſols trois deniers au Greffier, quatre ſols deux deniers à chacun des cinq Archers & à l'Exécuteur de juſtice, & cinq ſols au Tambour-major.

Officiers réformez du régiment Royal-Italien.

Les Officiers réformez entretenus à la ſuite dudit régiment, ſeront payez ſur le pied par jour de trois livres à chaque Colonel, quarante ſols à chaque Lieutenant-colonel, vingt-cinq ſols à chaque Capitaine, & quinze ſols à chaque Lieutenant.

RÉGIMENT ROYAL-CORSE.

Compagnie de Grenadiers.

Le régiment Royal-Corſe, compoſé de douze compagnies de cinquante hommes chacune, ſera payé lorſqu'il ſervira en campagne, ſçavoir, la compagnie de Grenadiers ſur le pied par jour de trois livres au Capitaine, trente-deux ſols au Lieutenant, vingt ſols au Sous-lieutenant, huit ſols ſix deniers à chacun des deux Sergens, ſix ſols à chacun des trois Caporaux, cinq ſols à chacun des cinq Anſpeſſades & un Tambour, & quatre ſols à chacun des trente-neuf Grenadiers : Le Capitaine aura en outre cinq payes de gratification de quatre ſols chacune, ſa compagnie étant au complet de cinquante hommes, quatre à quarante-cinq, quarante-ſix, quarante-ſept, quarante-huit & quarante-neuf; trois deſdites payes à quarante, quarante-un, quarante-deux, quarante-trois & quarante-quatre, & rien au-deſſous du nombre de quarante hommes.

Compagnies de Fuſiliers.

Chacune des onze compagnies de Fuſiliers dudit régiment, ſera payée ſur le pied par jour de cinquante ſols au Capitaine, vingt ſols au Lieutenant, quinze ſols à l'Enſeigne, huit ſols à chacun des deux Sergens, cinq ſols dix deniers à chacun des trois Caporaux, quatre ſols ſix deniers à chacun des cinq Anſpeſſades & un Tambour, trois ſols neuf deniers à chacun des dix Appointés, & trois ſols ſix deniers à chacun des vingt-neuf Fuſiliers : Le Capitaine recevra en outre cinq payes de gratification de trois ſols ſix deniers chacune, ſa compagnie étant à quarante-ſix, quarante-fept, quarante-huit, quarante-neuf & cinquante hommes; quatre à quarante-cinq, trois defdites payes à quarante, quarante-un, quarante-deux, quarante-trois & quarante-quatre hommes, & rien au-deffous du nombre de quarante hommes.

E'tat-major du régiment Royal-Corfe, fans Prévôté.

L'Etat-major dudit régiment fervant en campagne, fera payé fur le pied par jour de huit livres fix fols huit deniers au Colonel, trente fols au Lieutenant-colonel, outre leurs appointemens de Capitaine, quatre livres au Major, trente fols à l'Ayde-major, quinze fols au Marêchal-des logis, vingt fols à l'Aumônier, fept fols fix deniers au Chirurgien, & cinq fols au Tambour-major.

Officiers réformez du régiment Royal-Corfe.

Les Officiers réformez que Sa Majefté jugera à propos d'entretenir à la fuite dudit régiment, feront payez de leurs appointemens fur le pied par jour de trois livres à chaque Colonel, quarante fols à chaque Lieutenant-colonel, vingt-cinq fols à chaque Capitaine, & quinze fols à chaque Lieutenant.

IRLANDOIS. *BULKELEY, CLARE & DILLON.*

Compagnies de Grenadiers.

Les régimens Irlandois de Bulkeley, Clare & Dillon, fervant en campagne, compofez chacun d'un bataillon de dix-fept compagnies, feront payez, fçavoir, la compagnie de Grenadiers de quarante-cinq hommes, fur le pied par jour de trois livres au Capitaine en pied, cinquante fols au Capitaine réformé, trente-cinq fols au Lieutenant en pied, dix-huit fols au Lieutenant réformé, huit fols à chacun des deux Sergens, cinq fols à chacun des trois Caporaux, quatre fols fix deniers à chacun des trois Anfpeffades, & quatre fols à chacun des trente-fix Grenadiers & un Tambour: & le Capitaine recevra en outre trois payes de gratification, de trois fols fix deniers chacune, fa compagnie étant de quarante-quatre ou quarante-cinq hommes, deux defdites payes à quarante-un, quarante-deux & quarante-trois, une feulement à quarante, & rien au-deffous dudit nombre de quarante hommes.

Compagnies de Fufiliers.

Chacune des feize compagnies de Fufiliers, compofée de quarante hommes, fera payée fur le pied par jour de cinquante fols au Capitaine en pied, pareils cinquante fols au Capitaine réformé, vingt-deux fols fix deniers au Lieutenant en pied, dix-huit fols au Lieutenant réformé, fept fols à chacun des deux Sergens, quatre fols fix deniers à chacun des trois Caporaux, quatre fols à chacun des trois Anfpeffades, trois fols fix deniers à chacun des trente-un Fufiliers & un Tambour: & trois fols pour chacune des trois payes de gratification que le Capitaine recevra, fa compagnie étant au complet de quarante hommes, deux à trente-cinq, trente-fix, trente-fept, trente-huit & trente-neuf, & rien au-deffous du nombre de trente-cinq hommes.

Enfeignes.

Outre les Officiers cy-deffus, l'Enfeigne qui eft en chacune des compagnies Colonelle & Lieutenante-colonelle defdits régimens, recevra dix-huit fols par jour.

Etat-major.

L'Etat-major de chacun defdits régimens fera payé à raifon de fix livres treize fols quatre deniers par jour au Colonel, vingt-deux fols fix deniers au Lieutenant-colonel, outre leurs appointemens de Capitaine, trois livres fix fols huit deniers au Major, cinq livres à l'Interprete, trente fols à l'Ayde-major, vingt fols à l'Aumônier, & quinze fols à chacun des Chirurgien & Maréchal-des-logis.

Officiers réformez à la fuite des trois régimens.

Les Officiers réformez entretenus à la fuite defdits régimens, feront payez fur le pied par jour de trois livres dix fols à chaque Colonel ou Lieutenant-colonel, cinquante fols à chaque Capitaine, & dix-huit fols à chaque Lieutenant.

Du 1.er Juin 1762.

Les régimens Irlandois de Rothe & Berwick servant en campagne, composez chacun d'un bataillon de dix-sept compagnies, seront payez, sçavoir, la compagnie de Grenadiers de quarante-cinq hommes, sur le pied par jour de quarante-sept sols six deniers au Capitaine en pied, trente-sept sols six deniers au Capitaine réformé, vingt-cinq sols six deniers au Lieutenant en pied, seize sols trois deniers au Lieutenant réformé, sept sols à chacun des deux Sergens, cinq sols à chacun des trois Caporaux, quatre sols six deniers à chacun des trois Anspessades, & quatre sols à chacun des trente-six Grenadiers & un Tambour: Le Capitaine recevra en outre trois payes de gratification, de trois sols six deniers chacune, sa compagnie étant à quarante-quatre ou quarante-cinq hommes, deux desdites payes à quarante-un, quarante-deux & quarante-trois, une seulement à quarante, & rien au-dessous dudit nombre de quarante hommes.

Rothe & Berwick.

Compagnie de Grenadiers.

Chacune des seize compagnies de Fusiliers, composée de quarante hommes, sera payée sur le pied par jour de trente-sept sols six deniers au Capitaine en pied, pareils trente-sept sols six deniers au Capitaine réformé, seize sols trois deniers au Lieutenant en pied, pareils seize sols trois deniers au Lieutenant réformé, sept sols à chacun des deux Sergens, quatre sols six deniers à chacun des trois Caporaux, quatre sols à chacun des trois Anspessades, trois sols six deniers à chacun des trente-un Fusiliers & un Tambour: & trois sols pour chacune des trois payes de gratification, que Sa Majesté accorde au Capitaine sa compagnie étant au complet de quarante hommes, deux à trente-cinq, trente-six, trente-sept, trente-huit & trente-neuf, & rien au-dessous du nombre de trente-cinq hommes.

Compagnies de Fusiliers.

Enfeignes. Outre les Officiers cy-deffus, l'Enfeigne qui eft en chacune des compagnies Colonelle & Lieutenante-colonelle defdits régimens, fera payé fur le pied de douze fols neuf deniers par jour.

Etat-major & Prévôté. L'Etat-Major de chacun defdits régimens, fera payé fur le pied par jour de trois livres quinze fols au Colonel, feize fols trois deniers au Lieutenant-colonel, outre leurs appointemens de Capitaine; quarante-cinq fols dix deniers au Major, vingt-trois fols quatre deniers à l'Ayde-major, douze fols fix deniers à chacun des Marêchal-des-logis & Aumônier, dix fols au Chirurgien, treize fols quatre deniers au Prévôt, fix fols huit deniers à fon Lieutenant, quatre fols deux deniers au Greffier, & deux fols fix deniers à chacun des cinq Archers & à l'Exécuteur de juftice.

Officiers réformez à la fuite des deux régimens. Les Officiers réformez entretenus à la fuite defdits régimens, feront payez comme les Officiers en pied, fur le pied par jour de trente-fept fols fix deniers à chaque Capitaine, & feize fols trois deniers à chaque Lieutenant.

V.

GENDARMERIE.

GARDES-DU-CORPS DU ROY. LES compagnies des Gardes-du-corps de Sa Majefté, outre le pain & le fourrage qui leur fera fourni, feront payées pendant qu'elles ferviront fur la frontiére, fur le pied par jour de quatre livres dix fols à chaque Lieutenant, trois livres à chaque Enfeigne, trente fols à chaque Exempt & Ayde-major, vingt fols à chaque Brigadier, dix-fept fols fix deniers à chaque Sous-brigadier, quinze fols à chaque Garde, Trompette & Timbalier, quarante fols à chaque Aumônier, & vingt fols à chaque Chirurgien,

La compagnie des Grenadiers à cheval de Sa Majesté, de cent trente Grenadiers, outre le pain & le fourrage qui luy sera fourni, sera payée pendant qu'elle servira sur la frontiére, sur le pied par jour de vingt-sept sols au Capitaine-lieutenant, dix-huit sols à chacun des trois Lieutenans, treize sols six deniers à chacun des trois Sous-lieutenans, neuf sols à chacun des trois Maréchaux-des-logis, sept sols à chacun des six Sergens, pareils sept sols à chacun des trois Brigadiers & six Sous-brigadiers, six sols à chacun des six Appointés & au Porte-étendard, cinq sols six deniers à chacun des cent quatre Grenadiers & quatre Tambours, & quarante sols à l'Aumônier.

GRENADIERS A CHEVAL.

La Cornette de chacune des compagnies de Gendarmes & de Chevaux-légers de la garde de Sa Majesté, outre le pain & le fourrage qui luy sera fourni, sera payée pendant qu'elle servira sur la frontiére, sur le pied par jour de quinze sols à chaque Brigadier, Sous-brigadier, Gendarme, Chevau-léger, Trompette & Timbalier; vingt sols à l'Aumônier, & dix sols à chacun des petits Officiers de chaque compagnie servant à ladite Cornette : les Officiers desdites compagnies continueront à être payez avec le guet, de leurs appointemens ordinaires.

GENDARMES & CHEVAUX-LEGERS DE LA GARDE DU ROY.

Les détachemens des deux compagnies des Mousquetaires, outre le pain & le fourrage qui leur sera fourni, seront payez pendant qu'ils serviront sur la frontiére, sur le pied par jour de vingt-trois sols à chaque Brigadier, dix-neuf sols à chaque Sous-brigadier, quinze sols à chaque Mousquetaire, vingt sols à l'Aumônier, douze sols à chaque Tambour, Chirurgien, Apothicaire, Fourrier, Sellier & Maréchal-ferrant, & cinquante sols à chaque joueur de Hautbois; Sa Majesté faisant payer d'ailleurs les Officiers

MOUSQUETAIRES DE LA GARDE DU ROY.

de ces compagnies qui commandent lesdits détachemens.

GENDARMERIE. Grands Officiers des compagnies de Gendarmes.

Les grands Officiers des dix compagnies de Gendarmes de la Gendarmerie, continueront à être payez suivant les états que Sa Majesté fera expédier, & les Marêchaux-des-logis, Brigadiers, Sous-brigadiers, Porte-étendards, Gendarmes, Trompettes & Timbaliers, sur le même pied de ceux des compagnies de Chevaux-légers, ainsi qu'il est cy-après expliqué.

Compagnies de Chevaux-légers.

Chacune des six compagnies de Chevaux-légers de ladite Gendarmerie, composée d'un Capitaine-lieutenant, un Sous-lieutenant, deux Cornettes, quatre Marêchaux-des-logis, deux Brigadiers, deux Sous-brigadiers, un Porte-étendard, trente-cinq Chevaux-légers & deux Trompettes, outre le pain & le fourrage qui luy sera fourni, sera payée à commencer du jour qu'elle campera, sur le pied par jour de quarante-cinq sols au Capitaine-lieutenant, dix-huit sols au Sous-lieutenant, treize sols six deniers à chaque Cornette, neuf sols à chaque Marêchal-des-logis, six sols à chaque Brigadier & Sous-brigadier, cinq sols au Porte-étendard, quatre sols six deniers à chaque Chevau-léger, & cinq sols six deniers à chaque Trompette.

Aumôniers & Timbaliers.

Il sera payé aussi par jour cinq sols six deniers à chacun des huit Timbaliers entretenus dans les huit premiéres compagnies, & trente sols à chacun des deux Aumôniers qui sont avec lesdites compagnies de Gendarmes & de Chevaux-légers.

Etat-major.

Les Officiers de l'Etat-major de ladite Gendarmerie étant payez de leurs appointemens à l'ordinaire des guerres, il n'en sera point fait icy mention.

Du 1er Juin 1762.

V I.

CAVALERIE, CARABINIERS, HUSSARDS ET DRAGONS.

CAVALERIE. Compagnies.

CHAQUE compagnie des régimens de Cavalerie françoiſe ſervant dans les armées, compoſée de vingt-cinq Maîtres, ſera payée ſur le pied par jour de dix-huit ſols au Capitaine, douze ſols au Lieutenant, ſix ſols au Marêchal-des-logis, trois ſols ſix deniers à chacun des deux Brigadiers, & trois ſols à chacun des vingt-trois Cavaliers, y compris le Trompette & le Timbalier, où il doit y en avoir.

Sous-lieutenant & Cornettes dans la compagnie du Colonel général, & dans celles des Meſtre-de-Camp général & Commiſſaire général de la Cavalerie.

Le Sous-lieutenant qui eſt dans la compagnie Colonelle du régiment du Colonel général de la Cavalerie, le Cornette blanc qui eſt dans ladite compagnie, & le Cornette qui eſt en chacune des compagnies Meſtre-de-camp des régimens du Meſtre-de-camp général & du Commiſſaire général de la Cavalerie, recevront, ſçavoir, le Sous-lieutenant douze ſols par jour, le Cornette blanc & chacun des deux autres, neuf ſols auſſi par jour.

Cornettes de Cavalerie françoiſe.

Les deux Cornettes avec appointemens, que Sa Majeſté a conſervez par eſcadron en chacun des régimens de ſes troupes de Cavalerie françoiſe, ſeront payez en campagne ſur le pied de neuf ſols chacun par jour.

Etat-major de Cavalerie françoiſe.

Il ſera payé pour l'Etat-major de chacun deſdits régimens de Cavalerie françoiſe, dix-huit ſols par jour au Meſtre-de-camp, douze ſols au Lieutenant-colonel, outre leurs appointemens de Capitaine, dix-huit ſols au Major, & douze ſols à l'Ayde-major.

Officiers réformez.

Chacun des Officiers réformez qui ſervent à la ſuite deſdits régimens, ſera payé ſur le pied par jour de trente-cinq ſols au Meſtre-de-camp, vingt-cinq ſols au Lieutenant-

D

colonel, quinze ſols au Capitaine, & dix ſols au Lieutenant réformé.

CARABINIERS. Compagnies. Chacune des quarante compagnies de vingt-cinq Maîtres, qui compoſent les cinq brigades du régiment Royal des Carabiniers, ſera payée ſur le pied par jour de vingt-deux ſols au Capitaine, quinze ſols au Lieutenant, huit ſols au Marêchal-des-logis, quatre ſols ſix deniers à chacun des deux brigadiers, & quatre ſols à chacun des vingt-trois Carabiniers, compris le Trompette & le Timbalier, où il doit y en avoir.

Cornettes. Les vingt Cornettes avec appointemens, que Sa Majeſté a conſervez dans leſdites cinq brigades, ſeront payez ſur le pied de douze ſols chacun par jour.

Etat-major. L'Etat-major dudit régiment ſera payé ſur le pied de vingt-deux ſols par jour pour les appointemens de Monſieur le Prince de Dombes Meſtre-de-camp-Lieutenant, pareils vingt-deux ſols pour chacun des Meſtres-de-camp qui ſervent ſous luy à la tête des cinq brigades dudit régiment, outre leurs appointemens de Capitaine; quatorze ſols à chaque Lieutenant-colonel, auſſi outre l'appointement de Capitaine, vingt-deux ſols à chaque Major, & quinze ſols à chaque Ayde-major.

FILTZJAMES. Compagnies. Chacune des douze compagnies de vingt-cinq Maîtres du régiment de Cavalerie Irlandoiſe de Filtzjames, ſera payée ſur le pied par jour de cinquante ſols au Capitaine, vingt-cinq ſols au Lieutenant, treize ſols quatre deniers au Marêchal-des-logis, quatre ſols à chacun des deux Brigadiers, & trois ſols ſix deniers à chacun des vingt-trois Cavaliers, compris le Trompette & le Timbalier, où il doit y en avoir.

Cornettes. Les deux Cornettes avec appointemens, que Sa Majeſté a conſervez en chacun des trois eſcadrons dudit régiment, feront payez fur le pied de dix-huit fols neuf deniers chacun, par jour.

Etat-major.

L'Etat-major dudit régiment fera payé fur le pied par jour de vingt-deux fols trois deniers au Meftre-de-camp, feize fols huit deniers au Lieutenant-colonel, outre leurs appointemens de Capitaine, trois livres au Major, & trente fols à l'Ayde-major.

Officiers réformez.

Les Officiers réformez qui fervent à la fuite dudit régiment, feront payez fur le pied par jour de trois livres un fol à chaque Meftre-de-camp, cinquante-huit fols quatre deniers à chaque Lieutenant-colonel, quarante fols à chaque Capitaine, & dix-neuf fols fix deniers à chaque Lieutenant réformé.

ROYAL-ALLEMAND. Compagnies.

Chacune des douze compagnies du régiment Royal-Allemand, compofée de vingt-cinq Maîtres, fera payée fur le pied par jour de trois livres au Capitaine, trente fols au Lieutenant, quinze fols au Maréchal-des-logis, quatre fols fix deniers à chacun des trois Brigadiers, & trois fols fix deniers à chacun des vingt-deux Cavaliers, y compris les Cadets, Trompettes & Timbalier. Il fera de plus payé fix deniers par jour à chaque Cadet qui paffera en revûe dans le nombre defdits Cavaliers, fur le certificat du Commandant du régiment.

Cadets.

Etat-major.

L'Etat-major dudit régiment fera payé fur le pied par jour de trois livres fix fols huit deniers au Meftre-de-camp, cinquante fols à chacun des deux Lieutenans-colonels, outre leurs appointemens de Capitaine, quatre livres trois fols quatre deniers à chacun des deux Majors, vingt-fix fols huit deniers à chacun des deux Aydes-majors, treize fols quatre deniers au Maréchal-des-logis, feize fols huit deniers au Prévôt, treize fols quatre deniers à fon Lieutenant, dix sols au Greffier, treize sols quatre denier à chacun des Aumônier & Chirurgien, & sept sols six deniers à chacun des quatre Archers & un Exécuteur de justice.

Officiers réformez. Il sera payé aux Officiers réformez servant à la suite dudit régiment, trois livres par jour à chaque Mestre-de-camp & Lieutenant-colonel, trente sols à chaque Capitaine, & quatorze sols à chaque Lieutenant.

ROSEN. Compagnies. Chacune des douze compagnies du régiment de Cavalerie Allemande de Rosen, composée de vingt-cinq Maîtres, sera payée sur le pied par jour de trois livres au Capitaine, trente sols au Lieutenant, treize sols quatre deniers au Marêchal-des-logis, quatre sols à chacun des deux Brigadiers, & trois sols six deniers à chacun des vingt-trois Cavaliers, compris le Trompette & le Timbalier.

Etat-major. L'Etat-major dudit régiment sera payé sur le pied par jour de trois livres six sols huit deniers au Mestre-de-camp, quarante sols au Lieutenant-colonel, outre leurs appointemens de Capitaine, cinq livres dix sols au Major, trois livres à l'Ayde-major, treize sols quatre deniers à chacun des Chirurgien & Auditeur, & sept sols six deniers à chacun des Greffier, trois Archers & un Exécuteur.

Officiers réformez. Les Officiers réformez servant à la suite dudit régiment, seront payez sur le même pied de ceux qui sont à la suite du régiment Royal-Allemand.

Cornettes des régimens Royal-Allemand & Rosen. Les deux Cornettes avec appointemens, que Sa Majesté a conservez par escadron en chacun des régimens Royal-Allemand & de Rosen, seront payez sur le pied de vingt-deux sols six deniers chacun par jour.

RÉGIMENS de HUSSARDS de RATTKY & de Chaque compagnie des régimens de Hussards de Rattky & de Berchiny, servant dans les armées du Roy en Allemagne, composée de cinquante Maîtres, sera payée sur le pied par jour de trois livres au Capitaine, trente sols au Lieutenant, vingt-deux sols six deniers au Cornette, treize sols quatre deniers au Maréchal-des-logis, quatre sols six deniers à chacun des trois Brigadiers, & trois sols six deniers à chacun des quarante-sept Hussards, compris le Trompette & le Timbalier. *BERCHINY. Compagnies.*

L'Etat-major de chacun desdits régimens, sera payé sur le pied par jour de trente-trois sols quatre deniers au Mestre-de-camp, vingt sols au Lieutenant-colonel, outre leurs appointemens de Capitaine, quatre livres cinq sols au Major, trente sols à l'Ayde-major, & neuf sols au Chirurgien. *Etat-major.*

Les Officiers réformez entretenus à la suite desdits régimens, recevront le même traitement que ceux du régiment Royal-Allemand. *Officiers réformez.*

L'Aumônier & le Chirurgien rétablis par ordonnance particuliére du 12. avril 1742. en chacun des régimens de Cavalerie du Colonel général, du Mestre-de-camp général, du Commissaire général, Royal, du Roy, en chacune des cinq brigades du régiment Royal-des-Carabiniers, en chacun des régimens de la Reine, Orléans, Penthiévre, Saint-Simon, Rohan, Beaucaire, Sabran, Clermont-Tonnerre, Chabrillan, Egmont, Grammont, Dandlau, Fleury, Maugiron, Vogué, Brissac, Broglie, Fouquet, Heudicourt, Chepy, Fiennes, Levy, Noailles, Puysieulx, Pons & Asfeld, & l'Aumônier en chacun des régimens de Hussards de Rattky & de Berchiny, qui servent dans les armées de Sa Majesté en Allemagne, seront payez en passant présens aux revûes des Commissaires ordinaires des guerres, sçavoir, les Aumôniers & Chirurgiens dans la Cavalerie, sur le pied de neuf sols chacun par jour, & les Aumôniers dans les Hussards, sur le même pied de neuf sols chacun *Aumôniers & Chirurgiens rétablis en trente-deux régimens de Cavalerie françoise, & des Aumôniers dans les régimens de Hussards de Rattky & de Berchiny, qui servent dans les armées du Roy en Allemagne.*

par jour, & les Aumôniers & Chirurgiens des brigades de Carabiniers, ſur celuy de dix ſols chacun auſſi par jour.

DRAGONS.
Compagnies.

Les compagnies des régimens de Dragons qui ſervent dans les armées, ſeront payées étant en campagne, ſur le pied par jour de quinze ſols au Capitaine, dix ſols au Lieutenant, cinq ſols au Maréchal-des-logis, trois ſols à chaque Brigadier, & deux ſols ſix deniers à chaque Dragon & Tambour.

Seconds Lieutenans, Sous-lieutenans & Cornettes dans les compagnies générale, & Meſtre-de-camp général des Dragons.

Le ſecond Lieutenant, le Sous-lieutenant & le Cornette entretenus dans la compagnie générale du régiment du Colonel général des Dragons, & le ſecond Lieutenant & le Cornette qui ſont dans la compagnie Meſtre-de-camp du régiment du Meſtre-de-camp général des Dragons, ſeront payez ſur le pied par jour de dix ſols à chaque ſecond Lieutenant, huit ſols au Sous-lieutenant, & ſix ſols à chaque Cornette : Entendant Sa Majeſté que les charges de ſecond Lieutenant dans leſdites compagnies, ne ſoient point remplacées lorſqu'elles viendront à vaquer.

Cornettes de Dragons.

Les deux Cornettes avec appointemens, que Sa Majeſté a conſervez par eſcadron en chacun deſdits régimens de Dragons, ſeront payez ſur le pied de ſix ſols chacun par jour.

Etat-major.

L'Etat-major deſdits régimens de Dragons ſera payé ſur le pied par jour de trois livres quinze ſols au Meſtre-de-camp, outre ſes appointemens de Capitaine, quinze ſols au Major, & dix ſols à l'Ayde-major.

Officiers réformez de Dragons.

Les Officiers réformez qui ſervent à la ſuite des régimens de Dragons, ſeront payez ſur le pied par jour de trente-cinq ſols au Meſtre-de-camp, vingt-cinq ſols au Lieutenant-colonel, douze ſols au Capitaine, & huit ſols au Lieutenant.

Aumôniers rétablis en ſix

L'Aumônier rétabli par ordonnance particuliére du

Du 1.er Juin 1742.
25

12. avril 1742. en chacun des régimens de Dragons du Mestre-de-camp général, Royal, Dauphin, Surgeres, Harcourt & Languedoc, qui servent dans les armées d'Allemagne, sera payé en passant présent aux revûes des Commissaires ordinaires des guerres, sur le pied de neuf sols par jour.

régimens de Dragons, qui servent dans les armées de Boheme & de Baviére.

Chacune des compagnies franches de Dragons de Dumoulin, de Mandres, de Romberg, la Croix, Goderneaux, Jacob & Galhau, servant dans les armées, composée de cent cinquante Dragons montez, outre le pain de munition & le fourrage qui luy sera fourni, sera payée sur le pied par jour de trois livres au Capitaine en pied, vingt-deux sols six deniers au Capitaine réformé, vingt sols au premier Lieutenant, seize sols huit deniers au second Lieutenant, douze sols six deniers à chacun des cinq Lieutenans réformez, dix sols à chacun des trois Marêchaux-des-logis, trois sols neuf deniers à chacun des six Brigadiers, & trois sols trois deniers à chacun des cent quarante-quatre Dragons, y compris trois Tambours

COMPAGNIES FRANCHES de DRAGONS.

La compagnie franche de Sinceny servant dans les armées, composée de quatre-vingt Dragons montez, outre le pain de munition & le fourrage qui luy sera fourni, sera payée sur le pied par jour de cinquante sols au Capitaine, vingt-deux sols six deniers au Capitaine réformé, vingt sols au premier Lieutenant, seize sols huit deniers au second Lieutenant, douze sols six deniers à chacun des deux Lieutenans réformez, dix sols à chacun des deux Marêchaux-des-logis, trois sols neuf deniers à chacun des quatre Brigadiers, & trois sols trois deniers à chacun des soixante-seize Dragons, compris deux Tambours.

Compagnie franche de Dragons de Sinceny.

A l'égard des Officiers réformez qui sont entretenus à

Officiers réformez des compagnies franches de Dragons.

la fuite desdites compagnies, ou qui pourront l'être à l'avenir, ils feront payez fur le pied par jour de vingt-deux fols fix deniers à chaque Capitaine, & douze fols fix deniers à chaque Lieutenant, en paffant préfens aux revûes des Commiffaires ordinaires des guerres.

Pour le payement de la folde, fans aucune retenue, pendant la campagne.

L'intention de Sa Majefté eft que ce qui eft cy-deffus réglé pour les Gardes, Gendarmes, Chevaux-légers, Moufquetaires & Grenadiers à cheval, pendant qu'ils feront fur la frontiére, & pour les Sergens, Soldats, Gendarmes & Chevaux-légers de la Gendarmerie, Cavaliers, Carabiniers, Huffards & Dragons des troupes, tant françoifes qu'étrangéres, pendant qu'elles fe trouveront en campagne, leur foit entiérement payé, fans que les Capitaines puiffent en rien retenir fous quelque prétexte que ce puiffe être.

Pour le traitement des troupes dans les garnifons, pendant la campagne.

Comme quelques-uns des régimens qui fervent dans les armées, pourroient demeurer dans des places pendant une partie de la campagne, Sa Majefté entend qu'ils y foient payez de leur folde d'hiver, en conformité de l'ordonnance du premier may 1742. que le pain foit fourni aux Sergens, Soldats, Cavaliers, Carabiniers, Huffards, Dragons, Tambours, Trompettes & Timbaliers, & qu'il foit retenu deux fols fur leur folde pour chaque ration.

VIANDE.

La viande fera fournie fur le pied d'une demi-livre par jour, à l'exception des vendredis, aux Sergens, Soldats & Tambours de l'Infanterie françoife, fans aucune retenue fur la folde de campagne.

Elle fera pareillement fournie aux Sergens & Soldats de l'Infanterie étrangére, & aux Brigadiers, Cavaliers, Carabiniers, Huffards, Dragons, Tambours, Trompettes & Timbaliers; mais il fera retenu pour chaque livre de viande, deux fols onze deniers fur la folde de l'Infanterie

étrangére,

Du 1.er Juin 1742.

étrangére, & trois sols cinq deniers sur celle de la Cavalerie, des Carabiniers, Hussards & Dragons.

Ustensile des Capitaines & Officiers subalternes de l'Infanterie, pendant la campagne.

Sa Majesté ayant fait retenir sur l'ustensile cent cinquante livres à chaque Capitaine d'Infanterie, l'ustensile entier à chaque Capitaine en second des bataillons du régiment Royal-artillerie, & à chaque Lieutenant, Sous-lieutenant ou Enseigne, & deux sols pour chaque Gendarme & Chevau-léger de la Gendarmerie, & pour chaque Carabinier, Cavalier, Hussard & Dragon, qui doivent leur être distribuez pendant la campagne ; son intention est que lesdites sommes leur soient remises, sçavoir, pour l'Infanterie, au Capitaine trente livres par chacun des mois de juin, juillet, août, septembre & octobre ; & l'ustensile entier des Capitaines en second, Lieutenans, Sous-lieutenans ou Enseignes, leur sera payé par portion égale, par chacun des mois de may, juin, juillet, août, septembre & octobre, sur un état particulier dressé par les Commissaires ordinaires des guerres, après chaque revûe de campagne, à ceux qui étant pourvûs desdites charges, y auront passé présens.

Écu de campagne.

Et pour les deux sols de retenue par jour pendant les cent cinquante jours du quartier d'hiver, sur la place d'ustensile de chaque Gendarme & Chevau-léger de la Gendarmerie, & de chaque Carabinier, Cavalier, Hussard & Dragon, faisant la somme de quinze livres, Sa Majesté ordonne qu'elle soit distribuée manuellement par le Major ou Ayde-major de la Gendarmerie & de chaque régiment, aux Gendarmes, Chevaux-légers, Carabiniers, Cavaliers, Hussards & Dragons, sur le pied d'un écu de soixante sols par chacun des mois de may, juin, juillet, août & septembre, même à ceux des régimens qui, ayant reçû le quartier d'hiver, resteroient dans les garnisons pendant la campagne ; sans que lesdits Officiers-majors puissent s'en dispenser pour quelque raison que ce soit, à peine d'être privez de leurs charges: au moyen de quoy lesdits Carabiniers, Cavaliers, Hussards & Dragons, seront obligez de s'entretenir de linge, culotte, de bas & de souliers, & d'entretenir leurs chevaux de ferrage, de tenir leurs armes nettes, & d'y faire les menues réparations, en sorte qu'elles soient en bon état: Entendant Sa Majesté que si ces armes venoient à être en un état à ne pouvoir plus servir, sans que ce soit par la faute du Cavalier ou du Dragon, qu'il soit nécessaire de les changer, le Capitaine en fasse la dépense; & qu'au surplus chaque Capitaine entretienne chaque Carabinier, Cavalier, Hussard & Dragon, de cheval, housse, selle, harnois, bride, habillement, manteau, chapeau, bottes & armes.

MANDE & ordonne Sa Majesté aux Gouverneurs & ses Lieutenans généraux dans ses provinces, aux Commandans en chef & aux Lieutenans généraux dans ses armées, aux Marêchaux-de-camp ayant le commandement sur ses troupes, aux Gouverneurs de ses villes & places, & à ceux qui y commandent, aux Intendans de ses armées, dans les provinces & sur les frontiéres, aux Directeurs & Inspecteurs généraux de ses troupes, aux Commissaires des guerres, & à tous autres ses Officiers qu'il appartiendra, de tenir la main à l'exécution de la présente. FAIT à Versailles, le premier juin mil sept cens quarante-deux. *Signé* LOUIS. *Et plus bas,* DE BRETEÜIL.

A PARIS DE L'IMPRIMERIE ROYALE. 1742.

www.ingramcontent.com/pod-product-compliance
Ingram Content Group UK Ltd.
Pitfield, Milton Keynes, MK11 3LW, UK
UKHW021036260726
13994UKWH00005B/2184

9 782329 495989